COLLECTION

DE

M. LE MARQUIS DE B[ailleul]

TABLEAUX

ET

DESSINS MODERNES

EXPOSITION

le Dimanche 4 Mars 1866

VENTE

le Lundi 5 Mars 1866, à deux heures et demie précises

Me Ch. PILLET, Commissaire-Priseur

M. Francis PETIT, Expert

PARIS. — IMPRIMERIE PILLET FILS AINÉ
5, RUE DES GRANDS-AUGUSTINS

COLLECTION

DE

M. LE MARQUIS DE B***

CATALOGUE

DE

TABLEAUX

et

DESSINS MODERNES

Composant la Collection de M. le Marquis de B***

DONT LA VENTE AURA LIEU

HOTEL DROUOT, SALLE N° 5

Le Lundi 5 Mars 1866

A DEUX HEURES ET DEMIE PRÉCISES

Par le ministère de Me **CHARLES PILLET**, Commissaire-Priseur,
rue de Choiseul, n° 11.

Assisté de M. **FRANCIS PETIT**, Expert, rue de Provence, 43,

Chez lesquels se distribue le présent Catalogue.

EXPOSITION PUBLIQUE

Le Dimanche 4 Mars 1866, de une heure à cinq heures.

CONDITIONS DE LA VENTE

Elle sera faite au comptant.

Les adjudicataires payeront *cinq pour cent* en sus des enchères.

Paris. — Imp. de Pillet fils aîné, rue des Grands-Augustins, 5.

TABLEAUX

BACKERKOFF

1 — La Lecture de la gazette, scène hollandaise.

Haut. 35 cent.; larg. 26 cent.

E. DE BEAUMONT

2 — La Cigale la Fourmi.

Haut. 72 cent.; larg. 55 cent.

ROSA BONHEUR

3 — Berger landais gardant un troupeau de moutons.

Haut. 27 cent.; larg. 35 cent.

CHAPLIN

4 — Jeune Femme feuilletant des livres.

Haut. 31 cent.; larg. 21 cent.

CHAPLIN

5 — Leçon de coquetterie.

Haut. 46 cent.; larg. 25 cent.

CHAPLIN

6 — Scène de jalousie.

Haut. 46 cent.; larg. 25 cent.

CHAPLIN

7 — Petite Fille dessinant.

Haut. 23 cent.; larg. 16 cent.

CHAPLIN

8 — La Perruche.

Haut. 33 cent.; larg. 21 cent.

COUTURE

9 — Jeune Garçon s'exerçant à battre du tambour.

Haut. 26 cent.; larg. 21 cent.

A. DE DREUX

10 — Jockey promenant des chevaux au bois.

Haut. 32 cent.; larg. 46 cent.

A. DE DREUX

11 — Jockey ramenant deux chevaux.

Haut. 32 cent ; larg. 46 cent.

DEVEDEUX

12 — La Rose du sérail.

Haut. 73 cent.; larg. 54 cent.

DIAZ

13 — Nymphe embrassant l'Amour.

Haut. 33 cent.; larg. 19 cent.

DIAZ

14 — Nymphe retenant l'Amour.

Haut. 35 cent.; larg. 19 cent.

FAUVELET

15 — Jeunes Seigneurs jouant aux dés dans une taverne.

Haut 30 cent.; larg. 00 cent.

GÉROME

16 — Recrues égyptiennes traversant le désert.

Haut. 37 cent.; larg. 60 cent.

HEYRAULT

17 — Steeple-Chase.

Haut. 45 cent.; larg. 55 cent.

HERBSTHOFFER

18 — Une Rencontre au Pré-aux-Clercs.

Haut. 15 cent.; larg. 18 cent.

JADIN

19 — L'Hallali.

Haut. 70 cent.; larg. 35 cent.

PLASSAN

20 — Jeune Femme tenant une mandoline et rêvant.

Haut. 21 cent.; larg. 15 cent.

RICHARD

21 — La Petite Ménagère.

Haut. 21 cent.; larg. 16 cent.

TH. ROUSSEAU

22 — Paysage traversé par une rivière. Les eaux basses laissent apercevoir des bancs de sable.

Haut. 49 cent.; larg. 63 cent.

ROQUEPLAN

23 — Petite Paysanne du Béarn portant une cor-
beille de fruits.

Haut. 27 cent.; larg. 20 cent.

TRAYER

24 — Jeune Femme debout regardant un livre
d'images.

Haut. 25 cent.; larg. 16 cent.

TROYON

25 — Vache noire et vache blanche buvant à une
auge, en plaine. Des poules et un coq
picorent dans l'herbe.

Haut. 67 cent.; larg. 45 cent.

VILLAIN

26 — La Petite Écureuse.

Haut. 28 cent.; larg. 21 cent.

DESSINS

AQUARELLES & PASTELS

ED. DE BEAUMONT

SUITE DE DOUZE DESSINS

27 — Un baiser donné c'est bien peu ;
Un baiser pris c'est autre chose.

28 — Contre son cœur on apprend à mentir
Dans un miroir, école du sourire.

29 — Serments d'amour, chaîne fragile,
L'inconstante vous a rompus ;
Ne pas aimer est difficile,
Aimer longtemps l'est encore plus.

30 — Larmes de fille, larmes de crocodile.

31 — Iris s'enfuit, Iris m'évite,
Iris parvient à m'échapper.
La pauvre Iris courrait moins vite
Si je courais pour l'attraper.

32 — L'amant qui loue est l'amant couronné :
Avant l'Amour, l'Amour-propre était né.

33 — Bien fort celui qui rompt ses chaînes
Quand avec des fleurs on les fait.

34 — L'amour n'est rien, l'argent c'est tout.

35 — Pour les moineaux et pour les filles
Il n'est pas de fruit défendu.

36 — Gratis est mort, plus d'amour sans payer ;
En beaux louis se content les fleurettes.

37 — Temps perdu..... Blés gâtés.

38 — Un baiser en amène un autre.

BELLANGÉ (H.)

39 — Timbalier et deux carabiniers au galop for-
mant avant-garde.

Dessin capital.

BROCHART

40 — Brenda.

Pastel.

BROCHART

41 — Martha.

Pastel.

CHARLET

42 — Gardes françaises se disputant après boire.

Aquarelle importante.

COURT

43 — Domino rose.

Pastel.

Haut. 100 cent.; larg. 79 cent.

DECAMPS

44 — Trois Chiens de chasse au repos dans un bois.

Aquarelle.

GAVARNI

45 — Femme de Glascow.

Aquarelle.

GAVARNI

46 — Femme d'Edimbourg.

Aquarelle.

E. LAMI

47 — Allant au drawing-room !

Aquarelle.